LE

SYSTÈME DES FINANCES

MIS A LA PORTÉE DE TOUT LE MONDE.

LE

SYSTÈME DES FINANCES

MIS A LA PORTÉE DE TOUT LE MONDE.

Par CHARLES, Baron de TOUSSAINCT,

Ancien Chef d'escadron, ex-Commissaire général de police en Illyrie, ex-Agent général du ministère des affaires étrangères en Illyrie, etc., etc., etc.

A PARIS,

CHEZ { DENTU, Impr.-Libr., au Palais-Royal.
DELAUNAY, Libraire, au Palais-Royal.
AUDIN, Libraire, quai des Augustins.

1816.

LE

SYSTÈME DES FINANCES

MIS A LA PORTÉE DE TOUT LE MONDE.

Le ministère des finances est chargé chaque année de deux grandes opérations.

La première consiste à recevoir de chaque ministère un aperçu général des dépenses de ce ministère, et d'en former un total, pour présenter à l'autorité suprême le total général des sommes nécessaires pour assurer le service de l'année et couvrir les besoins de l'Etat.

La seconde opération consiste à assurer la rentrée des fonds reconnus nécessaires, au moyen des contributions et des impôts directs et indirects.

Si un Etat n'était composé que d'honnêtes gens et de vrais patriotes, ces deux opérations se feraient le plus facilement du monde.

Chaque chef d'administration présenterait un aperçu exact des dépenses de son administration. Chaque ministre rassemblerait ces différens aperçus dans un état général, y ajouterait une certaine somme pour les dépenses imprévues, ou pour les dépenses qui ne peuvent être fixées au juste d'avance : le ministre des finances ajouterait au compte général des différens ministères une somme proportionnée, pour les cas imprévus; et l'on pourrait par-là connaître au juste les besoins de l'État pour l'année suivante.

Chaque citoyen, convaincu qu'il est de son devoir de contribuer aux besoins de l'État, s'y prêterait de bonne volonté, et surtout de bonne foi.

Les revenus des particuliers se divisent en quatre classes :

Le revenu des biens-fonds;

Le revenu provenant des capitaux;

Le revenu provenant de l'industrie;

Le revenu provenant du travail des mains.

Il est bien naturel que ces quatre revenus ne peuvent être grevés du même impôt.

Le journalier doit moins payer que l'employé, ou que le marchand.

L'industrie doit moins payer que le capitaliste.

Le capitaliste doit moins payer que le propriétaire d'immeubles, qui est le seul véritablement riche.

Si tout un État pouvait être composé d'honnêtes gens, chaque particulier ferait chaque année, à son maire, une déclaration de l'état de son revenu, en faisant connaître dans laquelle ou dans lesquelles des quatre classes il doit être placé. Le maire enverrait au préfet un état des revenus de sa mairie, divisé en quatre classes; le préfet formerait un état des revenus de son département, qu'il enverrait au ministre des finances : le ministre formerait le total des revenus de tous les particuliers ; et, calculant les sommes qui sont à prélever pour les besoins de l'Etat, il fixerait la contribution dans la proportion de 1 pour 100 pour le journalier , 4 pour l'industrie, 6 pour le capitaliste, 10 pour le propriétaire ; et doublerait ou triplerait la contribution, dans la même proportion , jusqu'à concurrence des besoins de l'Etat.

La perception s'opérerait par douzièmes entre les mains du maire, qui verserait chaque mois dans la caisse de la préfecture : le préfet rendrait compte chaque mois au ministre des finances , qui assignerait à chaque ministère les fonds dont il pourrait avoir besoin dans chaque département.

Nos financiers n'auraient pas eu la peine d'inventer les impôts connus sous la dénomination de *Droits réunis, enregistrement , timbre , loteries , maisons de jeux, douanes , octrois, portes et fenêtres ,* etc. Des milliers d'individus employés à la rentrée de ces impôts, appartiendraient à l'agriculture, à l'industrie, au commerce, à l'armée. Mille disputes , qui naissent de l'exécution des fonctions de tant d'employés, et qui les rendent l'objet du mépris et de l'exécration publique, n'existeraient pas : la moralité y gagnerait, les mœurs seraient plus pures et plus douces, l'agriculture et le commerce fleuriraient, l'humanité reprendrait ses droits, et nous pourrions espérer de voir renaître les temps de l'âge d'or, et de voir le rêve de tant de philosophes accompli, le bonheur de l'humanité.

Mais je m'aperçois que je rêve moi-même en alliant ces deux mots : humanité et bonheur. J'en reviens donc au système des finances.

Comme il est impossible de faire face aux besoins de l'Etat de la manière annoncée ci-dessus, on a dû avoir recours à un système basé sur des principes pour se procurer les sommes dont un Etat a besoin pour couvrir ses dépenses.

On a commencé par exiger des propriétaires une contribution proportionnée aux revenus de leur propriété ; et c'est ce qu'on appelle contribution foncière.

Cette contribution est basée sur la justice. Le propriétaire est le vrai citoyen d'un Etat ; c'est pour lui assurer ses propriétés que l'Etat enttretient une force armée, des tribunaux, etc. ; il est donc bien juste qu'il supporte une partie des dépenses que l'on fait pour lui.

Mais, d'un côté, cette contribution ne suffisait pas, et de l'autre , il eût été injuste que le reste des citoyens ne contribuât pas aux besoins de l'Etat, qui leur accorde asile et protection.

On a donc eu recours, pour atteindre les classes des non-propriétaires, et pour compléter les sommes nécessaires aux dépenses de l'Etat, aux impôts directs et indirects, sous toutes les dénominations *connues*; et l'on multiplie ou l'on hausse ces impôts selon les besoins de l'Etat : et comme la mauvaise volonté des contribuables augmente en proportion que les impôts se multiplient, on a recours à une légion d'employés, qui, en aidant à percevoir l'impôt, en absorbent la plus grande partie.

Tel est à peu près le système actuel des finances en Europe.

On devrait croire, d'après cela, que des impôts augmentés ou multipliés à volonté devraient suffire aux dépenses d'un Etat; et voilà ce qui n'est pas. Malgré la contribution foncière, malgré les impôts, malgré les dons gratuits, les renonciations de paiement, les contributions extraordinaires, etc., tous les Etats ont des dettes, et en auront toujours : pourquoi?.... Parce que cela ne peut être autrement.

Est-il possible à un Etat de se libérer de ses dettes ?

Sans doute, il n'a qu'à le vouloir sincèrement, et agir de bonne foi.

Il faut pour cela créer une caisse d'amortissement; mais je ne puis accorder ce nom aux caisses connues aujourd'hui sous cette dénomination.

Je vais tâcher d'expliquer clairement mon idée, et de

la mettre à la portée de tout le monde, en citant un exemple.

Un État a besoin de 100 millions, ou, pour parler plus clairement, les dépenses de l'Etat excèdent les revenus de 100 millions.

Le Gouvernement sent bien qu'il lui est impossible de se procurer ces 100 millions dans un court délai, au moyen d'un nouvel impôt, parce que les impôts sont déjà trop multipliés. Que fait-il ? Il a recours à un emprunt ; il promet 5 pour 100 d'intérêt, et le remboursement à une certaine époque ; et pour peu qu'il ait de crédit, il trouve des capitalistes qui lui avancent ces 100 millions. Pour rembourser cette dette, et pour en assurer les intérêts, il a recours à un nouvel impôt qui doit rapporter 7 pour 100 de l'emprunt, ou 7 millions par an. Cinq millions sont affectés au paiement des intérêts, et une soi-disant caisse d'amortissement reçoit tous les ans 2 pour 100, ou 2 millions à compte du capital ; et soit en négociant cet argent, soit en rachetant les obligations, elle se trouve à même d'opérer le remboursement au bout de trente-sept ans.

Je ne puis donner le nom de caisse d'amortissement à une pareille caisse ; c'est une caisse de remboursement ou d'amortissement partiel ; la vieille dette de l'Etat, reste toujours la même ; au contraire, elle augmente d'année en année, et aussi souvent que l'opération dont je viens de rendre compte se multiplie, on est forcé d'augmenter les impôts. Une pareille caisse ne s'occupe que du remboursement des dettes contractées sous sa garantie, tandis que les anciens créanciers de l'Etat, qui ont prêté de bonne foi, se trouvent trop heureux de recevoir exactement les intérêts de leur créance.

Cette caisse et toutes celles qui lui ressemblent ne méritent point le nom de caisse d'amortissement. J'appelle caisse d'amortissement, une caisse dans laquelle le Gouvernement verserait tous les ans l'excédant de sa recette, toutes dépenses payées, avec ordre à ladite caisse de présenter ses comptes dans le délai de trois mois, et de brûler publiquement les obligations des dettes onéreuses ou sacrées qu'elle aurait rachetées avec les fonds qui lui auraient été confiés. Voilà une caisse d'amortissement; et opérant comme je viens de le proposer, on n'entendrait plus dire que l'on s'est emparé des fonds de la caisse d'amortissement.

La caisse d'amortissement est le notaire de l'Etat auquel le débiteur donne une certaine somme pour contenter une partie de ses créanciers, et non pour la faire valoir par des spéculations toujours douteuses. Que l'on agisse de bonne foi.

Si l'État n'a aucun excédant dans la recette, il faut créer un fonds à la caisse d'amortissement; mais ce fonds ne peut et ne doit, dans aucun cas, recevoir d'autre destination; et si l'on est embarrassé où trouver ce fonds, je vais l'indiquer, et je défie le plus hardi financier d'attaquer ce plan dans son principe; je lui abandonne les accessoires.

Je suppose un État de 24 millions d'habitans. J'exclus du nombre de ceux qui doivent concourir à fournir les fonds de la caisse d'amortissement, seize millions d'individus qui n'ont rien.

Je partage les 8 millions qui restent en trois classes :

La première se composera de cinq millions;

La seconde de deux millions;

La troisième d'un million d'individus;

La première est sujette à un impôt de 30 s., le jour de sa naissance, le jour de son mariage, le jour de sa mort.

Chaque individu paiera donc, pendant toute sa vie, un impôt de 4 fr. 50 cent., à moins qu'il ne lui prenne l'envie de se remarier deux ou trois fois.

La seconde classe paiera 5 fr. à chacune des mêmes époques.

La troisième classe paiera 25 fr.

Les individus composant ces trois classes peuvent être classés d'après leur patente ou leur contribution, d'après le rang qu'ils occupent et d'après les richesses qu'ils possèdent.

Personne ne pourra se plaindre d'un impôt qu'il

n'acquittera que trois fois dans le cours de sa vie, et à des époques assez éloignées l'une de l'autre.

D'ailleurs, quel est le père qui ne paiera pas volontiers une contribution aussi modique le jour où il a le bonheur de devenir père ? Quel est l'amant ou l'amante qui n'acquittera avec joie cette même contribution, le jour où le plus ardent de leurs souhaits se voit acccompli, celui d'être unis à jamais par les liens sacrés du mariage? Quel est l'héritier qui refusera d'acquitter cette légère rétribution, le jour où il voit sa fortune augmentée par l'héritage qu'il vient de faire?

La perception de cet impôt ne nécessite la création ni le paiement d'aucun employé. Les trois actes sujets à l'impôt ont lieu devant les ministres de la religion, et en France, devant la municipalité; l'un ou l'autre sera donc chargé du recouvrement de l'impôt, en versera le montant tous les mois dans la caisse de la préfecture, qui enverra les sommes perçues tous les trois mois à la caisse d'amortissement, laquelle, dans les trois mois suivans, sera tenue de payer les dettes les plus onéreuses de l'Etat, et de brûler publiquement les obligations retirées pour empêcher qu'elles ne rentrent en cours.

Calculons à présent combien rapportera cet impôt.

La première classe, composée de cinq millions d'individus taxés à 4 francs 50 centimes, rapportera. . . . .   22,500,000 fr.

La seconde classe, composée de deux millions d'individus taxés à 15 francs, rapportera. . . .   30,000,000

La troisième classe, composée d'un million d'individus taxés à 75 francs, rapportera.   75,000,000

Somme totale. . . . .   127,500,000 fr.

On compte communément quatre générations dans cent ans, quoiqu'il en existe effectivement cinq, et même six; mais je ne calcule que sur quatre, ce qui produira, dans cent ans, une somme de cinq cent dix millions.

J'entends tous nos financiers modernes qui nous prouvent, *sur le papier*, que l'on peut payer les dettes de l'Etat en trente-huit ans, se récrier contre un plan qui ne procure que 5 millions par an, et qui, par-là, n'est digne que de pitié. A cela je réponds par le proverbe italien : *chi va piano, va sano*. Il vaut mieux arriver lentement au but, que de n'y arriver jamais. D'ailleurs, il y a une espèce d'injustice à condamner une seule génération à acquitter des dettes contractées par dix générations précédentes. Au surplus, messieurs les financiers, si vous avez d'autres moyens de procurer des fonds à la caisse d'amortissement, faites-le, et ajoutez-y les cinq cent dix millions que mon plan vous offre tous les cent ans, cela n'y nuira en rien; et si vous n'avez aucuns fonds pour votre caisse d'amortissement, prenez en attendant les cinq millions par an que je vous offre, et payez tous les ans pour cinq millions de dettes; vous augmenterez en attendant les revenus de l'Etat de 250,000 francs par an.

Je n'en dirai pas davantage sur ce plan; mon but n'est pas de réformer les Finances, mais d'en mettre le Système à la portée de tout le monde; et ce n'est que par attachement pour ma patrie, que je propose un plan, qui n'a peut-être d'autre défaut que d'être présenté par moi.

Qu'est-ce qu'un plan de Finances?

Voilà une définition difficile à donner.

Un plan de Finances, d'après ceux que l'imagination de nos financiers enfante journellement, est une opération qui *a pour but* de faire passer l'argent des particuliers dans les coffres de l'Etat.

Quant à moi, je définis un plan de Finances : une opération par laquelle le Gouvernement fait des sacrifices dans le moment, pour obtenir dans la suite des avantages réels, pour s'enrichir ou enrichir ses sujets, ce qui est la même chose : c'est un laboureur qui sème pour recueillir.

Je vais mettre cette idée à la portée de tout le monde par un exemple.

J'ignore jusqu'à quel point la fabrication de sucre de betterave peut être perfectionnée; mais s'il est possible de perfectionner cette fabrication au point de pouvoir se passer du sucre des colonies , ce serait une belle opération de Finances, d'avancer 8 ou 10 millions à des individus qui ont les connaissances nécessaires pour porter cette entreprise au plus haut degré de perfection. L'Etat ferait un sacrifice momentané , mais les résultats en seraient incalculables et pour l'Etat et pour les particuliers, vu les sommes qui passent entre les mains des étrangers chaque année pour nous procurer du sucre , lesquelles sommes resteraient à l'avenir dans le pays.

Voilà ce que j'appelle un plan de Finances.

Un Gouvernement a quatre moyens de se procurer de l'argent.

1°. En haussant les contributions ;

2°. En créant de nouveaux impôts ;

3°. En créant un papier-monnaie ;

4°. En faisant des emprunts.

Il y a encore un cinquième moyen ; mais il a coûté trop cher à la France pour le mettre au nombre des moyens possibles : c'est de lever des contributions chez l'étranger , par droit de vainqueur.

1°. Si un Etat a besoin d'argent, ou , pour parler plus clairement, si les dépenses nécessaires excèdent les recettes , le même principe qui autorise la levée des contributions en autorise également l'augmentation ; mais il faudrait préalablement que chaque contribution ou impôt direct soit profondément discuté et combiné ; qu'il soit irrévocablement arrêté et fixé combien telle contribution ou impôt peut rapporter dans les besoins ordinaires de l'Etat, combien dans les cas extraordinaires, et que le *maximum* ne puisse jamais être excédé (1), et il faudrait diminuer l'impôt ou la contribution, lorsque le moment de détresse est passé.

2°. La création de nouveaux impôts est toujours un malheur pour un état : dans tout il n'y a que le premier pas qui coûte, et l'on a peu d'exemples qu'un impôt une fois établi ait été aboli. La création de nouveaux impôts prouve d'abord que les autres impôts existans ne sont plus susceptibles d'augmentation ; et comme nos financiers ont épuisé toutes les branches susceptibles d'impôts, les nouveaux impôts doivent nécessairement attaquer des propriétés respectées jusqu'alors, être basés sur des actes de pouvoir arbitraire ; et l'on doit, pour les percevoir, avoir recours à des moyens d'exécution aussi onéreux pour le contribuable que l'impôt lui-même.

3°. La création d'un papier-monnaie est une opé-

---

(1) La Conscription est un impôt sur la population. L'impôt a été multiplié à l'infini et outrepassé, et on a dû avoir recours à tous les moyens de rigueur pour percevoir cet impôt.

ration bien délicate, et qui demande de grandes connaissances.

Quand un État est bien organisé, quand les recettes égalent la dépense, si quelque événement extraordinaire nécessite un accroissement de dépense, assurément la création d'un papier-monnaie exactement proportionné au besoin réel, est le moyen le plus prompt et le plus sûr pour faire face au besoin pressant. Alors, en prélevant le vingtième de la somme créée par un accroissement de l'impôt, pendant vingt ans, on éteindrait au bout de ce temps le papier créé par nécessité, et l'État se trouverait à cette époque, ainsi que la contribution, au même niveau qu'auparavant. Mais lorsque la dépense excède la recette, et que l'impôt n'est plus susceptible d'augmentation, la création d'un papier-monnaie est un coup mortel pour un État : on se contente, la première année, de cinquante millions ; l'année suivante, on en fabrique pour cent millions ; et dans vingt ans, le papier se multiplie à l'infini, le numéraire disparaît, le papier tombe en discrédit ; l'État, qui reçoit ses contributions en papier discrédité, ne reçoit plus effectivement que la moitié de ses contributions, et il est impossible de rétablir les finances d'un pareil État, sans des événemens ou des moyens extraordinaires.

Il est pourtant des circonstances où il est avantageux à un État d'avoir un papier-monnaie ; c'est lorsqu'il est envahi par l'ennemi, qui se trouve alors obligé de convertir les contributions qu'il reçoit en marchandises, ou d'acheter du numéraire à cinq ou six pour cent, ce qui diminue de cinq sixièmes la totalité des contributions exigées.

Il est d'autres circonstances où il est avantageux à un pays de n'avoir pas de papier-monnaie ; c'est lorsqu'un vainqueur a épuisé le pays conquis en contributions, et qu'il se voit forcé d'y continuer la guerre pendant plusieurs années, à ses dépens : c'est alors qu'il rend avec usure à ce pays les sommes qu'il en a reçues, et qu'il se voit encore forcé d'y envoyer l'argent de ses États.

Il existe trois espèces de papier-monnaie.

A. La première est une obligation que donne le Gouvernement pour une somme qu'il doit. Ce papier porte intérêt, et, selon l'exactitude du Gouvernement à payer ces intérêts, et tant que la masse de ces papiers est en harmonie avec la masse de l'argent monnayé, il reste au pair avec l'argent, et est même quelquefois plus recherché.

B. Le second papier-monnaie est un billet émis par une banque publique : ce billet ne porte aucun intérêt, parce que la banque est toujours prête à échanger ce papier pour de l'argent comptant.

C. La troisième espèce est le papier-monnaie, proprement dit, qui n'a d'autre garantie que la confiance qu'on a dans le Gouvernement : ce papier ne se soutient que par sa rareté, et tant que l'équilibre

existe entre l'argent monnayé, les deux premières espèces de papier-monnaie et le papier-monnaie proprement dit, et cette proportion est 9, 3, 1; c'est-à-dire
que, dans un état où il y a neuf cents millions d'argent
monnoyé en circulation, il peut y avoir pour trois cents
millions de papier-obligations portant intérêt, ou billets
de banque, et pour cent millions de papier-monnaie
proprement dit, et lorsque cet équilibre est détruit,
le papier-monnaie tombe à proportion, malgré tous
les efforts que l'on peut faire pour chercher à le sou-
tenir.

4°. L'emprunt est, selon moi, l'opération la plus
onéreuse au peuple, puisqu'il est obligé de rembourser
le capital et de payer les intérêts, et un pareil emprunt est une preuve bien convaincante que tous les
autres moyens sont épuisés.

Que l'on fasse bien attention que je ne parle ici que
d'un État qui se trouve dans l'impuissance de faire
face à ses dépenses, et qui n'a plus d'autre ressource,
pour se procurer de l'argent, que d'avoir recours à
des emprunts. Un État qui, pour réaliser de grands
projets dont ses peuples tireront de grands avantages,
se trouve dans le cas d'avoir besoin sur-le-champ de
trois à quatre cents millions, peut avoir recours à un
emprunt, et faire supporter le remboursement et le
paiement des intérêts à toute la nation. Si les peuples
retirent de l'exécution des grands projets du Gouvernement, des moyens de faire face, et au-delà, à

cette nouvelle contribution, le Gouvernement a fait alors une véritable opération de finance.

Tout le monde aujourd'hui fait des plans de finance. Assurément on ne peut que louer le zèle de ceux qui cherchent à venir au secours de l'État par de pareils plans, et on ne doit en rebuter aucun ; car on trouve toujours dans le plan le plus mal combiné, quelque nouvelle idée dont un ministère éclairé peut tirer quelque avantage : mais ceux qui se mêlent de faire des plans doivent se borner à les soumettre au ministère, et se convaincre qu'un plan isolé, quelque bon qu'il puisse être en lui-même, pourrait apporter un résultat désavantageux, s'il ne cadre pas avec le système adopté par le ministère.

Le système des finances est une chaîne fixée par les deux bouts : ôtez-en un chaînon, ou ajoutez-en un, vous rompez la chaîne ou vous lui donnez une étendue qui nuit à sa force. Je vais rendre cela sensible par un exemple.

Le ministère des finances calcule que la masse d'argent monnayé en circulation ne suffit plus au revirement journalier et au commerce : il décide, après un mûr examen, qu'il faut mettre en circulation pour tant de millions de papier-monnaie. --- Ou l'État se trouve forcé par des événemens extraordinaires de multiplier pour une somme conséquente le papier d'obligations à intérêt. --- On opère en conséquence.

Quelqu'un dans ce moment propose de créer un papier-monnaie, hypothéqué en premier lieu sur les immeubles des particuliers. ---Un autre propose de créer un papier-monnaie hypothéqué sur la moitié ou le quart de la contribution foncière, pendant huit, douze ou seize ans ; et ces deux plans bien digérés peuvent présenter des moyens raisonnables et conséquens : mais réunis ensemble et réalisés en même temps avec les deux premières opérations adoptées par le ministère, ces plans produiraient un effet contraire à celui qu'on espérerait. Le papier-monnaie multiplié à l'infini, et hors de proportion avec l'argent monnayé, perdrait de jour en jour de sa valeur, et deux milliards de ce papier ne représenteraient, au bout de six mois, que deux ou trois cents millions.

Il ne suffit pas de savoir calculer pour faire des plans de finance, c'est le moindre mérite du financier.

Pour faire de bons plans de finance, il faut connaître au juste.

Les besoins et les ressources d'un État ;
Sa recette et sa dépense ;
La masse d'argent monnayé existant ;
La masse d'argent en circulation ;
La masse des obligations, ou billets de la banque ;
La masse des dettes de l'État ;
Les relations commerciales.

Il faut savoir si le commerce est actif ou passif : il est actif, lorsque la valeur des produits ou marchandises qu'un État exporte à l'étranger, excède la valeur des produits ou marchandises qu'il est obligé d'acheter de l'étranger.

Si un État vend chaque année pour cent millions, et n'achète que pour quatre-vingts, son commerce est actif, vu qu'il entre chaque année vingt millions de l'étranger dans le pays : il est passif en sens inverse.

Il faut en outre connaître parfaitement le cours des monnaies du pays à l'étranger, et celui des monnaies étrangères dans le pays ;

Il faut savoir si les articles que l'on vend ou que l'on achète, sont des objets de première nécessité, ou simplement de luxe. Voilà déjà bien des connaissances nécessaires ; mais elles ne suffisent pas encore.

Il faut faire attention que tel plan, avantageux pour un État naissant ou croissant, serait nuisible à un Etat déjà formé, ou qui décline.

Tel plan convient à un pays de négocians, et ne serait pas applicable à un pays de cultivateurs.

Tel plan qui enrichirait un pays qui peut s'adonner à des spéculations maritimes, ruinerait un pays qui doit s'occuper uniquement du commerce sur terre.

Tel plan augmente les richesses d'un pays déjà riche, et ruinerait un État pauvre.

Ce n'est pas tout encore.

Tel plan est vicieux, parce qu'il attaque la consommation et non le consommateur.

Tel impôt haussé de moitié rapportera moins qu'il n'a rapporté à un taux inférieur.

Tel impôt est à rejeter par l'odieux de sa perception.

Tel autre impôt, pour être perçu, exige une foule d'employés qui absorbent la moitié de l'impôt.

Tel impôt nuit au commerce.

Tel autre diminue la valeur des biens fonds, etc.

Que de considérations, que d'intérêts à combiner et à concilier pour faire de bons plans de finance! Qu'en conclure?

1°. Qu'on ne doit pas attacher tant d'importance à un plan qui, isolé, peut présenter quelque avantage en apparence, mais qui, par sa nature, ne cadre pas avec le système qu'on s'est formé;

2°. Que le ministère des finances, qui a l'ensemble du système, peut seul juger du plus ou moins de mérite des plans qu'on lui soumet.

Cependant je suis loin de vouloir refroidir le zèle de ceux qui cherchent à être utiles aux finances, et les engage au contraire à continuer : je vais même hasarder à leur tracer les bases sur lesquelles ils pourraient travailler :

Rendre notre commerce actif;

Trouver les moyens de mettre en circulation l'argent mort;

Tâcher de faire entrer du numéraire de l'étranger;

Étudier les moyens d'acquitter les contributions de guerre, en faisant sortir le moins possible l'argent du pays.

Tels sont les problèmes que nos financiers de bonne volonté doivent chercher à résoudre.

Je vais expliquer ce que j'entends par argent mort :

Beaucoup d'individus, qui se sont enrichis depuis vingt-cinq ans, ne consomment pas la moitié de leur revenu : ils ont enfoui chaque année une partie de ce revenu, pour se ménager une poire pour la soif. Cet argent est mort, puisque les revenus dont jouissent ces particuliers sont beaucoup plus que suffisans pour leurs besoins courans.

Certaines caisses publiques ont toujours un fonds auquel on ne touche jamais, vu que les paiemens opérés par ces caisses sont remplacés sur-le-champ par des versemens continuels. Ce fonds de caisse est un argent mort.

Il n'y a aucun banquier, aucun négociant, aucun fabricant qui n'ait par-devers lui un fonds de caisse permanent; aucune maison bien réglée qui n'ait une demi-année de son revenu en caisse, aucun enfant de famille un peu aisée, aucune bonne ménagère qui n'ait une petite bourse d'épargne : voilà tout de l'argent mort, et dans un État de vingt-quatre millions d'habitans, on peut évaluer cet argent mort à un grand tiers de l'argent en circulation.

————

Je termine ce petit aperçu sur les finances par une observation qui consolera mes concitoyens.

Ce n'est ni l'or ni l'argent qui constituent la richesse d'un État ; c'est la fertilité de son sol. Un pays est toujours riche, lorsqu'il produit tout ce qui est nécessaire à la subsistance de ses habitans, et qu'il est en état d'exporter chaque année à l'étranger une certaine quantité de ses produits : tel est l'état de la France. De malheureux événemens peuvent momentanément produire une misère passagère ; on peut enlever à l'habitant son or, son argent, détruire ses moissons, brûler ses fermes ; mais quand le sol est riche, quelques années suffisent pour réparer les pertes que l'on a faites.

La rareté du numéraire peut apporter des entraves au revirement journalier et au commerce ; mais les vraies richesses de l'État n'en existent pas moins.

La rareté du numéraire réduit à bas prix les objets de première nécessité : l'abondance de ces objets à bas prix favorise la population ; les bras que l'agriculture, le commerce, les armes ne peuvent employer, s'adonnent à l'industrie ; le commerce s'agrandit, et l'État devient florissant.

(23)

Il existe un équilibre que l'on cherche en vain à détruire : cet équilibre se rétablit de lui-même. Les puis-
sances ennemies sont elles-mêmes intéressées, pour
l'avantage de leur propre commerce, à faire rentrer
de l'argent dans un pays dont on a enlevé le numéraire.

Français, voilà votre position : les vraies richesses
de votre sol sont inépuisables ; la nature vous a donné
tout ce qu'il faut pour être heureux : puissiez-vous
l'être autant que vous le souhaite

Votre compatriote

TOUSSAINCT.

De l'Imprimerie de HERHAN, cour de la Sainte-
Chapelle, N°. 5.